Animales del
zoológico

# La cabra montés

## Patricia Whitehouse

### Traducción de Patricia Cano

Heinemann Library

Chicago, Illinois

Customer Service  888-454-2279
Visit our website at www.heinemannlibrary.com

Designed by Sue Emerson, Heinemann Library
Printed and bound in the United States by Lake Book Manufacturing, Inc.

07 06 05 04 03
10 9 8 7 6 5 4 3 2 1

**Library of Congress Cataloging-in-Publication Data**
Whitehouse, Patricia, 1958-
  [Mountain Goat. Spanish]
  La cabra montés / Patricia Whitehouse ; traducción de Patricia Cano.
  p. cm.--(Animales del zoológico)
Summary: An introduction to mountain goats, including their size, diet and everyday behavior and highlighting differences between those in the wild and those living in a zoo habitat.
  ISBN 1-40340-333-3 (HC), 1-40340-551-4 (Pbk.)
  1. Mountain goat--Juvenile literature. [1. Mountain goat. 2. Goats  3. Zoo animals. 4. Spanish language materials.] I. Title.
QL737.U53 W48518 2002
599.64'75--dc21

2002068873

**Acknowledgments**
The author and publishers are grateful to the following for permission to reproduce copyright material:
Title page, pp. 6, 7, 8 Mike Anich/Visuals Unlimited; pp. 4, 12, 22, 24 Stephen J. Krasemann/DRK Photo; pp. 5, 13, 15, 17 David Burnett/Oregon Zoo; p. 9 D. Robert & Lorri Franz/Corbis; p. 10 John Winnie/DRK Photo; p. 11 Michael Durhman/Oregon Zoo; p. 14 David Fritts/Animals Animals/Earth Scenes; p. 16 Joe McDonald/Visuals Unlimited; p. 18 Erwin and Peggy Bauer/Bruce Coleman Inc.; p. 19 Jim Brandenburg/Minden Pictures; pp. 20, 21 W. Wayne Lockwood, M.D./Corbis; p. 23 (row 1, L-R) Inga Spence/Visuals Unlimited, W. Wayne Lockwood, M.D./Corbis, Beth Davidson/Visuals Unlimited; p. 23 (row 2, L-R) Mike Anich/Visuals Unlimited, Mike Anich/Visuals Unlimited, EyeWire Collection; p. 23 (row 3, L-R) David Fritts/Animals Animals/Earth Scenes, Corbis, Jim Schulz/Chicago Zoological Society/The Brookfield Zoo; p. 23 (row 4) Chicago Zoological Society/The Brookfield Zoo; back cover (L-R) Mike Anich/Visuals Unlimited

Cover photograph by W. Wayne Lockwood, M.D./Corbis
Photo research by Bill Broyles

Every effort has been made to contact copyright holders of any material reproduced in this book. Any omissions will be rectified in subsequent printings if notice is given to the publisher.

Special thanks to our bilingual advisory panel for their help in the preparation of this book:

Anita R. Constantino
Literacy Specialist
Irving Independent School District
Irving, Texas

Aurora Colón García
Literacy Specialist
Northside Independent School District
San Antonio, TX

Argentina Palacios
Docent
Bronx Zoo
New York, NY

Leah Radinsky
Bilingual Teacher
Inter-American Magnet School
Chicago, IL

Ursula Sexton
Researcher, WestEd
San Ramon, CA

We would also like to thank Lee Haines, Assistant Director of Marketing and Public Relations at the Brookfield Zoo in Brookfield, Illinois, for his review of this book.

Unas palabras están en negrita, **así.**
Las encontrarás en el glosario en fotos de la página 23.

# Contenido

# ¿Qué es la cabra montés?

La cabra montés es un **mamífero**.

Los mamíferos tienen el cuerpo cubierto de pelo o pelaje.

La cabra montés vive en las altas montañas.

Pero la podemos ver en el zoológico.

# ¿Cómo es la cabra montés?

barba

La cabra montés tiene pelo blanco y tupido.

Tiene una **barba** larga y áspera.

cuernos

pezuña

La cabra montés tiene **pezuñas.**

Tiene dos cuernos negros curvos.

# ¿Cómo es la cría de la cabra montés?

La cría de la cabra montés se parece a sus padres, pero es más pequeña.

Las crías de la cabra montés se llaman **cabritos**.

Los cabritos no tienen cuernos.

Los cuernos les saldrán cuando crezcan.

# ¿Dónde vive la cabra montés?

La cabra montés vive en **peñascos** rocosos.

Vive donde cae mucha nieve en el invierno.

En el zoológico, la cabra montés
vive en un **recinto.**

El recinto también tiene peñascos.

# ¿Qué come la cabra montés?

En su ambiente natural, la cabra montés come pasto y plantas.

En el zoológico, la cabra montés también come plantas.

También come **bolitas de alfalfa.**

# ¿Qué hace la cabra montés todo el día?

En su ambiente natural, la cabra montés se despierta temprano.

Salta de **peñasco** en peñasco para buscar alimento.

En el zoológico, la cabra montés come y juega.

Los **cuidadores** le dan comida y agua.

# ¿Cuándo duerme la cabra montés?

En su ambiente natural, la cabra montés duerme de noche.

A veces descansa durante el día.

En el zoológico, la cabra montés
duerme toda la noche.

También duerme por la tarde.

# ¿Qué sonido hace la cabra montés?

La cabra montés hace un sonido que parece un llanto.

Ese sonido se llama balido.

La cabra montés bala cuando busca a otras cabras.

Los **cabritos** balan cuando están en peligro.

# ¿Qué tiene de especial?

Por fuera las **pezuñas** de la cabra montés son afiladas.

Eso le sirve para protegerse de los **pumas**.

Por dentro las pezuñas son como **caucho**.

Así la cabra montés puede sostenerse en rocas resbalosas.

# Prueba

¿Recuerdas cómo se llaman estas partes de la cabra montés?

Busca las respuestas en la página 24.

?

?

?

# Glosario en fotos

**bolitas de alfalfa**
página 13

**pezuña**
páginas 7, 20, 21

**puma**
página 20

**barba**
página 6

**cabrito**
páginas 8, 9, 19

**caucho**
página 21

**peñasco**
páginas 10, 11, 14

**mamífero**
página 4

**cuidador**
página 15

**recinto**
página 11

23

# Nota a padres y maestros

Leer para buscar información es un aspecto importante del desarrollo de la lectoescritura. El aprendizaje empieza con una pregunta. Si usted alienta las preguntas de los niños sobre el mundo que los rodea, los ayudará a verse como investigadores. En este libro, se identifica al animal como un mamífero. Por definición, los mamíferos tienen pelo o pelaje y producen leche para alimentar a sus crías. El símbolo de mamífero en el glosario en fotos es una perra amamantando sus cachorros. Comente que, fuera del perro, hay muchos otros mamíferos, entre ellos el ser humano.

# Índice

**Respuestas de la página 22**

cuernos

pelo

pezuña